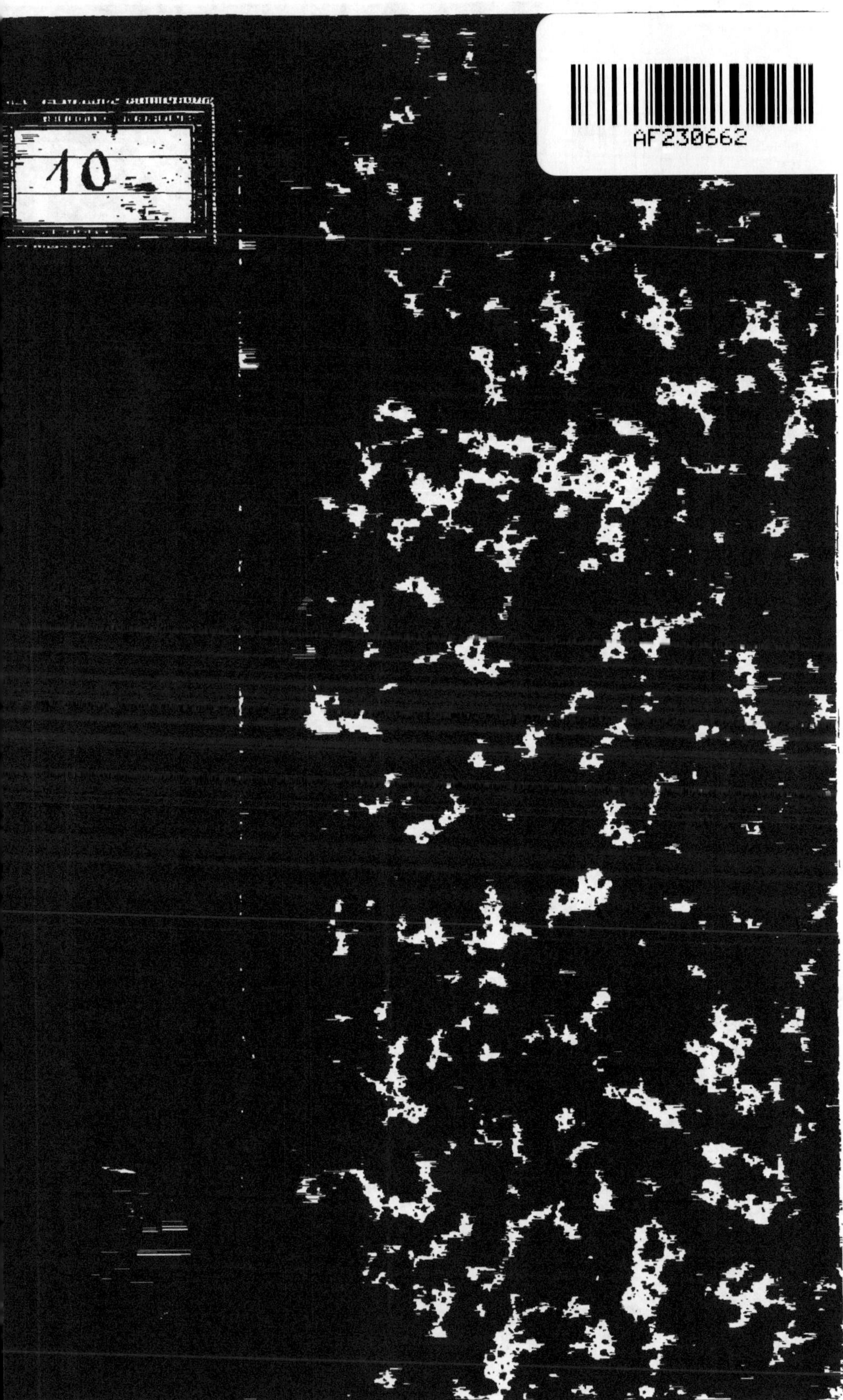

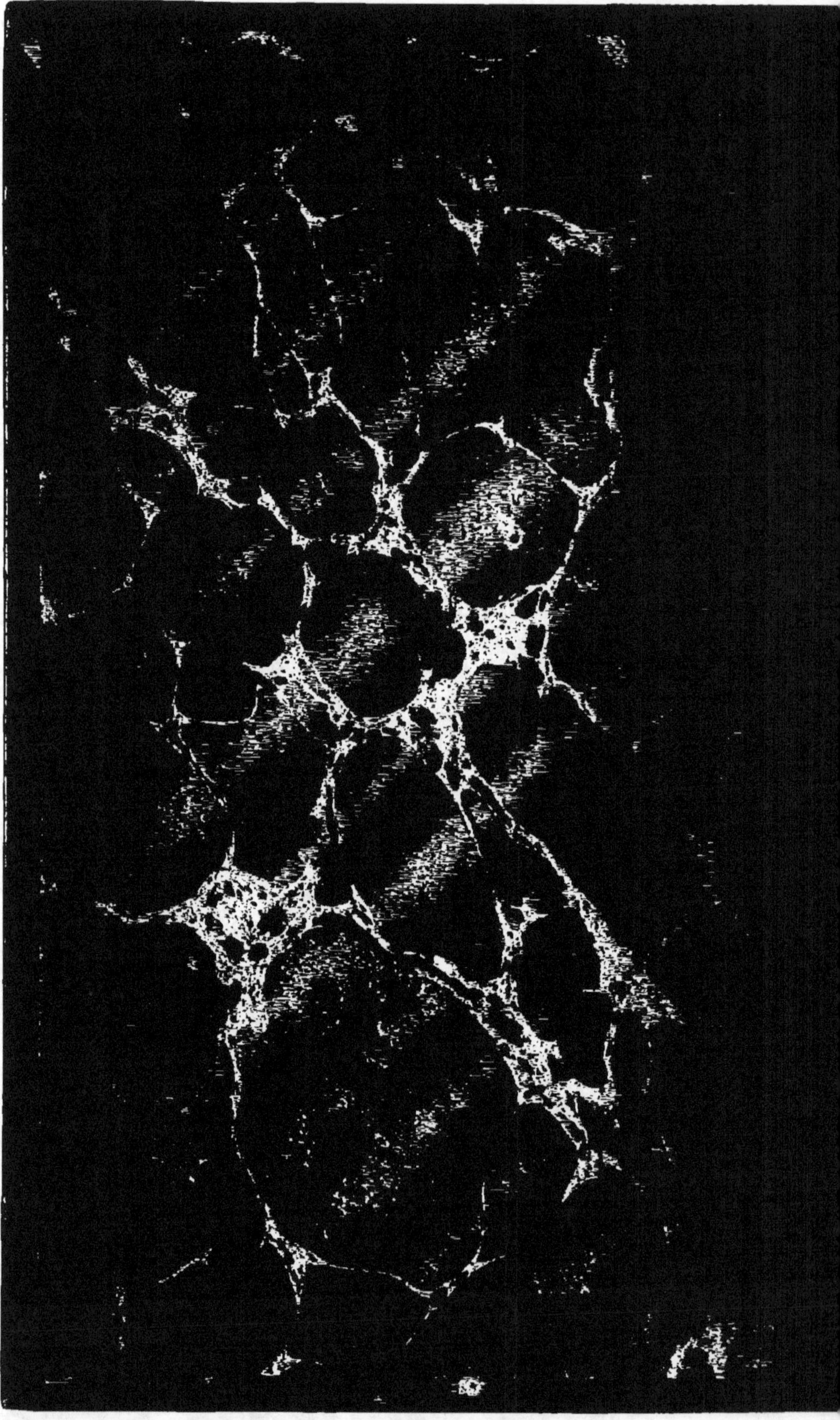

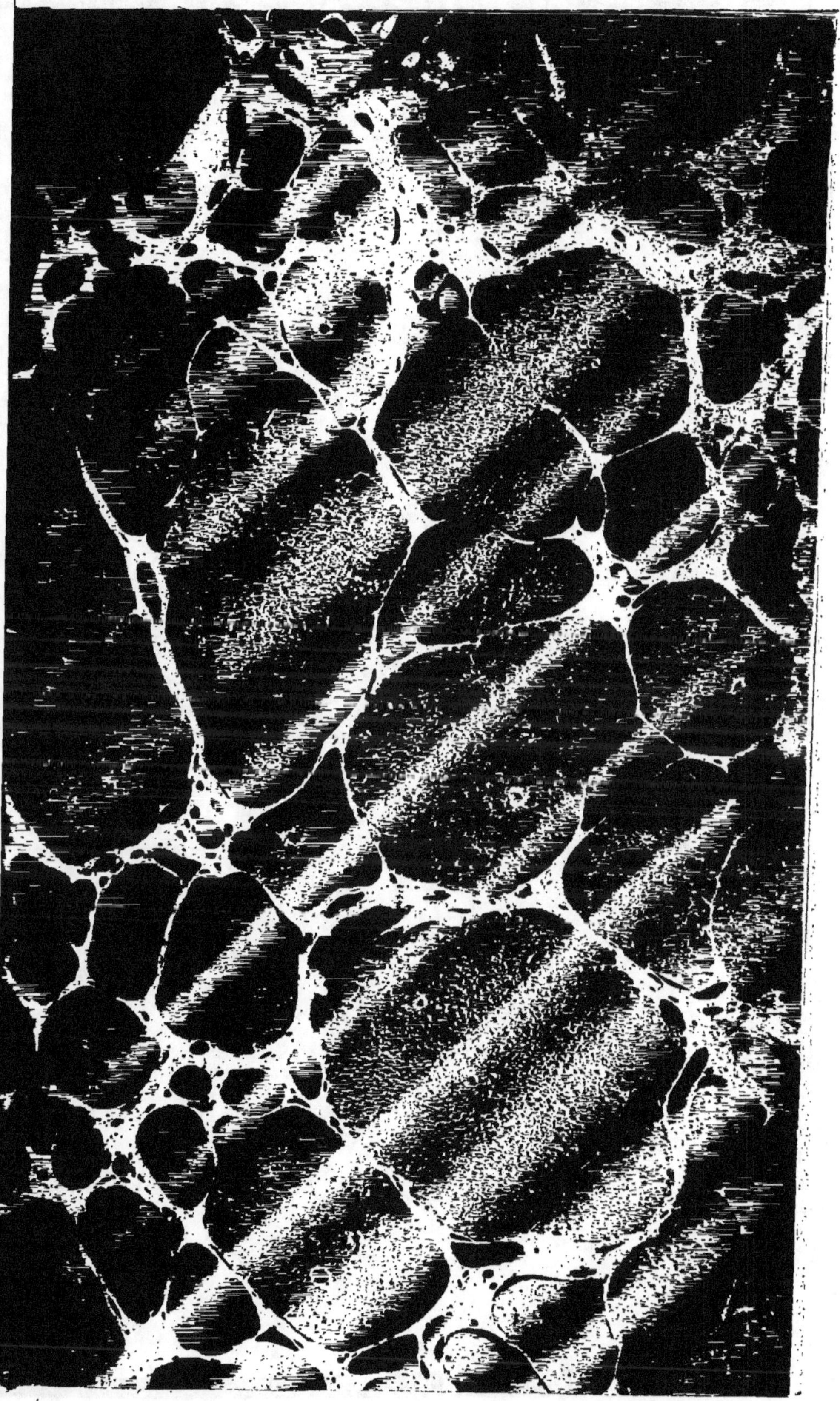

DOCUMENTS PUBLICS POUR SERVIR A L'HISTOIRE
DE LA GUERRE DE 1870.

LES

CAPITULATIONS

DES PLACES FORTES

—

RAPPORTS

DU

CONSEIL D'ENQUÊTE

Nommé en vertu de l'article 264 du décret du 13 Octobre 1863

SUR LES CAPITULATIONS

DE

Lichtemberg, — Marsal, — Vitry-le-François,
Toul, — Laon, — Soissons, — Schlesdadt, — Verdun, — Neutbrisach,
Phalsbourg, — Montmédy, — Amiens, — La Fère,
Thionville, — Paris, — Guise, — Mézières,
La Petite-Pierre.

—

PRIX : 1 franc

—

PARIS

LIBRAIRIE CENTRALE

9, RUE DES BEAUX-ARTS, 9

1872

LES

CAPITULATIONS

DES PLACES FORTES

DOCUMENTS PUBLICS POUR SERVIR A L'HISTOIRE
DE LA GUERRE DE 1870.

LES
CAPITULATIONS
DES PLACES FORTES

RAPPORTS

DU

CONSEIL D'ENQUÊTE

Nommé en vertu de l'article 264 du décret du 13 Octobre 1863

SUR LES CAPITULATIONS

DE

Lichtemberg, — Marsal, — Vitry-le-François,
Toul, — Laon, — Soissons, — Schlesdadt, — Verdun, — Neurbrisach,
Phalsbourg, — Montmédy, — Amiens, — La Fère,
Thionville, — Paris, — Guise, — Mézières,
La Petite-Pierre.

PRIX : 1 franc

PARIS

LIBRAIRIE CENTRALE
9, RUE DES BEAUX-ARTS, 9
1872

LES CAPITULATIONS DES PLACES FORTES

CONSEIL D'ENQUÊTE

Convoqué en vertu de l'article 264 du décret du 13 octobre 1863.

I

CAPITULATION DE LICHTEMBERG.

Extrait du procès-verbal de la séance du 14 octobre 1871.

Ouï le rapport,

Vu les pièces à l'appui,

Après en avoir délibéré,

Le conseil d'enquête est d'avis que l'article 255 du décret du 13 octobre 1863 n'était pas applicable au fort de *Lichtemberg*, car, par sa situation sur un rocher, l'ennemi n'aurait jamais pu y faire brèche ; que le commandant du fort, M. Archer, sous-lieutenant au 96e d'infanterie, a fait tout ce qu'il était possible de faire dans la défense de la place ; qu'avant la reddition, il a détruit l'artillerie, le munitions de guerre, enfin tout ce dont l'ennemi aurait pu profiter, soit pour se ravitailler, soit contre d'autres places ; que, par l'incendie de tous les bâtiments de la place, le grand nombre de blessés qu'il ne pouvait soigner, faute d'officiers de santé et d'abris, l'impossibilité de garantir les défenseurs du feu de l'ennemi, les parapets étant détruits, la résistance devenait impossible ; que, par suite, le sous-lieutenant Archer a fait ce que le devoir exigeait.

Pour extrait conforme :

Le président du conseil d'enquête,
Signé : BARAGUEY D'HILLIERS.

II

CAPITULATION DE MARSAL.

Extrait du procès-verbal de la séance du 18 octobre 1871.

. . . .

. Le conseil,

Vu le dossier relatif à la capitulation de la place de *Marsal,*

Vu le texte de la capitulation ;

Ouï M. le capitaine Leroy, de l'état-major des places, ex-commandant de la place de *Marsal* ;

Ouï le rapporteur ;

Après en avoir délibéré ;

Considérant que la garnison de Marsal était insuffisante ;

Qu'il n'y avait pas un seul artilleur dans la place,

Que le gouvernement n'avait fourni aucun moyen pour la défense ;

Que toutefois le commandant de ladite place s'est rendu avant qu'il ait été fait brèche au rempart ou que l'assaut ait été donné ;

Qu'il n'a pas mis hors de service ses nombreuses bouches à feu, ni détruit ses munitions de guerre et de bouche, qui, après la capitulation, ont servi à l'ennemi pour faire le siége à plusieurs places françaises ;

Est d'avis à l'unanimité :

Que M. le capitaine Leroy a fait preuve d'une grande faiblesse, d'incapacité et mérite le blâme.

III

Capitulation de Vitry-le-François.

Extrait du procès-verbal de la séance du 23 octobre 1871.

. . . .

Le conseil,

Vu le dossier relatif à la perte de la place de *Vitry-le-François* ;

Ouï MM. Terquem, chef d'escadron d'artillerie, commandant supérieur de la place de Vitry-le-François,

Et Hamen, capitaine de l'état-major des places, commandant de la place de Vitry-le-François;

Ouï le rapporteur;

Après en avoir délibéré;

Considérant que malgré les travaux de défense et d'armement opérés par la garnison sous l'active surveillance du commandant supérieur, du commandant de la place et de l'officier du génie, la place de Vitry-le-François n'était pas en état de soutenir un siége;

Que la garnison était exclusivement composée de gardes nationaux mobiles complétement ignorants des exercices et du service militaires;

Que, le 22 août seulement, elle avait été renforcée par un détachement de trente-cinq artilleurs commandé par un officier;

Que la ferme volonté du commandant supérieur et du commandant de place était de se défendre, mais que les autorités civiles manifestaient hautement l'intention de ne pas apporter leur concours à cette défense;

Considérant que, par dépêche du 20 août, confirmée le 23, le ministre de la guerre, informé de cette situation, prescrivait l'évacuation de la place et ordonnait d'enclouer les canons, et, en se retirant, de détruire les munitions de guerre, les ponts et tunnels du chemin de fer,

Est d'avis :

Que le commandant supérieur de Vitry-le-François, le chef d'escadron Terquem, est blâmable de n'avoir pas, avant son départ, fait enclouer les canons, détruit les munitions de guerre, et de s'en être rapporté, pour l'exécution de ces prescriptions, à des autorités civiles qu'il savait animées de sentiments peu patriotiques.

IV

CAPITULATION DE TOUL.

Extrait du procès-verbal de la séance du 27 octobre 1871.

Le conseil,

Vu le dossier relatif à la capitulation de la place de Toul,

Vu le texte de la capitulation,

Ouï le rapporteur,

Ouï M. le chef d'escadron Huck, commandant la place de Toul,

Après en avoir délibéré :

Considérant que la garnison de Toul était moins insuffisante par le nombre (2,290 hommes) que par sa composition, puisqu'en dehors de 500 hommes de troupe de ligne, provenant du dépôt du 63e presque entièrement formé de recrues et d'hommes de la compagnie hors rang, de 130 hommes de l'escadron de depôt du 4e régiment de cuirassiers, de 30 hommes de gendarmerie et de 25 artilleurs, elle se composait de bataillons et batteries de la garde mobile, non habillés, non instruits, non disciplinés ;

Que la composition de cette garnison a déterminé le commandant de place à abandonner les dehors, dès le lendemain du jour où l'ennemi a été signalé devant la ville, et, par cet abandon, a provoqué l'attaque de vive force, tentée le 16, et heureusement repoussée, mais a permis plus tard à six Prussiens d'incendier le seul moulin qui pût servir à assurer la nourriture des habitants, et a facilité la destruction du batardeau, dont la conséquence a été l'abaissement du niveau des eaux du fossé ;

Que si la population a mérité des éloges pour son bon esprit, il n'en est pas de même du maire, du conseil municipal et des principaux habitants, qui, dès le 16 août, demandaient la capitulation, demande renouvelée après chaque bombardement ;

Que, dans la pensée de ménager les propriétés voisines de la place, le feu de l'infanterie ne pouvant pas chasser l'ennemi, le commandant de place n'a pas fait diriger sur ces points le feu de l'artillerie ;

Que les troupes et les habitants ont supporté avec courage et dévouement les bombardements multipliés faits par l'ennemi ;

Que le commandant du génie rend compte au conseil, le 23 septembre, que la place peut tenir encore quarante-huit heures, mais que la brèche sera faite dans vingt-quatre heures ;

Que l'artillerie partage cette opinion,

Est d'avis :

Que si le commandant est blâmable pour avoir rendu la place avant qu'il n'y eût été fait brèche, pour n'avoir pas détruit le matériel d'artillerie, les poudres, les munitions, et n'avoir pas mis les armes hors de service avant d'être livrées à l'ennemi; d'autre part, il mérite des éloges pour avoir prolongé la résistance, malgré les instances réitérées du conseil municipal et les propositions très-avantageuses de l'ennemi.

———

V

Capitulation de Laon.

Extrait du procès-verbal de la séance du
6 novembre 1871.

Le conseil,

Vu le dossier relatif à la capitulation de la place de Laon,

Sur le rapport qui lui en a été fait,

Après en avoir délibéré,

Considérant que le général Thérémin d'Hame étant mort des suites d'une blessure produite par l'explosion du magasin à poudre, qui a eu lieu après la capitulation de

la place, il lui paraît superflu d'exprimer son opinion sur
e blâme ou l'éloge qu'aurait mérité cet officier général,
puisqu'il n'en pourrait être tiré de conséquence, croît,
toutefois, devoir dire qu'il a été placé dans une position
difficile, qu'il n'avait sous ses ordres qu'un bataillon et
une batterie d'artillerie de la garde nationale mobile non
instruits, non équipés, non disciplinés, et plus disposés à
la désertion qu'à la résistance ;

Que, la population épouvantée des menaces de bombar-
dement et connaissant la ferme résolution du général de
résister, avait voulu l'arrêter et le livrer à l'ennemi ;

Considérant qu'en capitulant le général n'a cédé qu'à
l'autorisation implicitement exprimée dans la dépêche
ministérielle du 8 septembre, à dix heures quarant-cinq
du soir, ainsi conçue : « Agissez devant la sommation
suivant la nécessité de la capitulation » ;

Est d'avis, toutefois, qu'il est regrettable qu'avant de
rendre la place, le général n'ait pas fait enclouer les ca-
nons, détruit les 2 millions de cartouches et les 40,000 kil.
de poudre renfermés dans les magasins.

VI

Capitulation de Soissons.

Extrait du procès-verbal de la séance du
13 novembre 1871.

Le conseil,

Vu le dossier relatif à la capitulation de la place de
Soissons,

Vu le texte de la capitulation,

Sur le rapport qui lui en a été fait,

Ouï M. de Noë, lieutenant-colonel commandant la place de Soissons,

M. Mosbach, chef de bataillon, commandant du génie,

M. Roques, chef d'escadron, commandant l'artillerie,

M. Denis, major du 15e de ligne, et M. Farjou, capitaine du génie, employés à Soissons pendant le siége,

Après en avoir délibéré,

Considérant que si le lieutenant-colonel de Noë, commandant la place de Soissons, a montré de l'activité pour l'approvisionnement des vivres, il n'a pas déployé assez de sévérité pour le maintien de la discipline dans les troupes placées sous ses ordres ;

Qu'il a manqué de prévoyance, en autorisant plusieurs chefs de corps à s'absenter au moment où la place pouvait être investie, et par cela même a nui à la discipline et à l'esprit de ces corps ;

Considérant que s'il a été fait brèche au corps de place, la brèche n'était pas praticable ; que si l'artillerie avait souffert, elle pouvait encore continuer la défense ; que les munitions de vivres et de guerre étaient abondantes ; que les pertes de la garnison ont été relativement peu considérables ; que le commandant de place est blâmable d'avoir capitulé sans avoir encloué ses canons, détruit ses poudres et ses vivres, et s'est au contraire engagé à les livrer à l'ennemi ;

Considérant que la place a été rendue malgré l'avis du commandant du 15e de ligne et celui du commandant du génie, et que, loin de se rallier à cette opinion, le lieutenant-colonel de Noë, contrairement à l'article 256 du service des places, n'a su imposer sa volonté que pour la capitulation ;

Considérant qu'il a manqué aux prescriptions du même article, en stipulant que les officiers qui donneraient leur parole de ne pas servir contre l'Allemagne seraient mis en liberté et conserveraient armes, chevaux et bagages, tandis qu'il ne devait stipuler qu'en faveur des blessés et des malade,

Est d'avis :

Que le lieutenant-colonel de Noë a révélé une profonde incapacité et une grande faiblesse, et qu'il paraît au conseil impropre à exercer un commandement.

VII

Capitulation de Schlestadt.

*Extrait du procès-verbal de la séance
du 20 novembre 1871.*

Le conseil d'enquête,

Vu le dossier relatif à la capitulation de Schlestadt ;

Sur le rapport qui en a été fait,

Ouï M. le chef de bataillon de Reinach de Foussemagne, commandant la place de Schlestadt ;

Après en avoir délibéré ;

Considérant que le commandant de la place de Schlestadt pouvait peu compter sur la solidité de la garnison, composée presque toute de gardes mobiles des environs, qu'il a eu tort cependant d'abandonner trop tôt la plus grande partie des ouvrages extérieurs, et surtout la redoute n° 1, qui, par sa position, aurait donné des vues sur les batteries de l'ennemi;

Considérant qu'il a eu tort de restreindre le feu de l'artillerie sur les environs de la place par le motif de ne pas entraver la rentrée des récoltes, et qu'ainsi il a permis à l'ennemi de se mêler aux travailleurs, et de déterminer l'emplacement de ses ouvrages et de ses batteries;

Attendu que si le commandant a supporté pendant sept jours le feu de l'ennemi, et s'il ne s'est rendu que sur la déclaration du directeur de l'artillerie que le rôle de cette arme étant terminé, par suite de la destruction des batteries de la place, la capitulation a été consentie sans qu'il ait été fait brèche au corps de place, et sans avoir subi ou repoussé un assaut; qu'en cela il a manqué aux prescriptions des articles 254 et 255 du décret du 13 octobre 1863;

Attendu qu'avant de livrer la place, le commandant n'a pas prescrit d'enclouer les canons, de briser les affûts, de noyer les poudres et munitions, dont une partie seulement a été détruite par le fait de l'initiative des hommes;

Est d'avis :

Que si pour les motifs précités, il y a lieu de blâmer le commandant de la place de Schlestadt, le conseil croit devoir le louer d'avoir obtenu la sortie de la garnison avec les honneurs de la guerre et de ne pas avoir fait insérer dans la capitulation la faculté de se retirer dans leurs foyers laissée aux officiers qui prendraient l'engagement d'honneur et par écrit de ne pas servir contre l'Allemagne pendant la durée de la guerre.

VIII

Capitulation de Verdun.

*Extrait du procès-verbal de la séance
du 29 novembre 1871.*

Le conseil,

Vu le dossier relatif à la capitulation de la place de Verdun ;

Vu le texte la capitulation ;

Sur le rapport qui lui en a été fait ;

Ouï MM. le général Guérin de Waldersbach, ex-commandant supérieur de la place de Verdun, et Turckeim, major du 80ᵉ de ligne ;

Après en avoir délibéré,

Exprime, comme suit, son avis motivé sur ladite capitulation :

Le conseil reconnaît que du 24 août au 15 octobre 1870 le commandant de la place de Verdun, général Guérin de Waldersbach, a fait preuve de courage, d'habileté et d'énergie, non-seulement en supportant plusieurs bombardements, mais encore en organisant une défense très-active, en faisant exécuter par la garnison, dont il avait su entretenir le moral, des sorties fréquentes, vigoureuses, hardies, dans lesquelles il a souvent fait enclouer les pièces ennemies, détruit les affûts, bouleversé les batteries, enlevé les convois; qu'il a été très-bien secondé par les troupes et les officiers placé sous ses ordres et par l'artillerie, dont le feu a toujours été très-vivement et habilement dirigé;

Le conseil reproche au commandant supérieur d'être entré en négociations avec l'ennemi pour permettre aux habitants de la rive droite de la Meuse de faire leurs vendanges et d'avoir ainsi facilité les rapports des espions et la reconnaissance des points sur lesquels les Prussiens pouvaient établir des batteries ou des tranchées;

Considérant que la ville possédait des vivres en quantité plus que suffisante pour la nourriture de la garnison et de la population; qu'aucune pression sérieuse n'a été exercée sur le conseil de défense par le conseil municipal ou les habitants, qui se sont, au contraire, toujours montrés pleins d'abnégation, d'énergie et de résolution, soit dans les bombardements, soit en formant des compagnies de francs-tireurs, auxiliaires, etc., etc., qui toujours coopéraient aux sorties de la garnison;

Que la place avait encore un matériel intact et des munitions suffisantes, de l'aveu même du commandant supérieur;

Considérant que, nonobstant ces conditions exceptionnelles d'une bonne défense, le commandant supérieur a provoqué avec l'ennemi une négociation qui devait entraîner la chute de la place, alors qu'aucun travail de siége n'avait été commencé; que, contrairement à l'article 255 du décret du 13 octobre 1863, il a prêté l'oreille aux rapports de l'ennemi, intéressé à grossir ses forces pour l'intimider;

Que les considérations présentées par le général Guérin de Waldersbach, pour justifier ces communications, n'ont aucune valeur, attendu que le devoir d'un commandant de place est de défendre jusqu'à la dernière extrémité le poste qui lui a été confié ;

Que sans doute, en faisant insérer dans la capitulation les articles 1 et 4, proposés par le général de Moltke, et par suite desquels la place de Verdun, avec tout son matériel de guerre, ses munitions et ses approvisionnements de toute espèce, devait faire retour à la France à la signature de la paix, le commandant supérieur a manifesté de bons sentiments, mais qu'il n'appartient pas à un commandant de place de prévoir les conséquences d'une guerre et les conditions d'un traité de paix qui peuvent annuler les clauses stipulées dans une capitulation ;

Le conseil déclare enfin que s'il mérite des éloges pour la première partie de sa défense, le général Guérin de Waldersbach, est blâmable d'avoir entamé et conclu avec l'ennemi des négociations qui ont amené la capitulation de la place sans qu'elle se trouvât dans le cas prévu par l'article 254 du décret du 13 octobre 1863.

IX

CAPITULATION DE SEDAN.

*Extrait du procès-verbal de la séance du
4 janvier 1871.*

Le conseil d'enquête,

Vu le dossier relatif à la capitulation de la place de Sedan,

Vu le texte de la capitulation,

Sur le rapport qui lui en a été fait,

Ouï les généraux de division :

De Wimpfen, ex-commandant en chef de l'armée de Châlons ;

Lebrun, ex-commandant en chef du 12ᵉ corps de ladite armée ;

Ducrot, ex-commandant en chef du 1ᵉʳ corps de ladite armée ;

Douay, ex-commandant en chef du 7ᵉ corps de ladite armée ;

Après en avoir délibéré,

Exprime comme suit son avis motivé sur la capitulation de la place de Sedan :

Sans se préoccuper des causes plus politiques que militaires qui, après la réorganisation encore fort incomplète de l'armée de Châlons, ont déterminé le gouvernement de la régence à prescrire l'expédition très-dangereuse tentée par cette armée pour secourir le maréchal Bazaine, le conseil n'a pas non plus à apprécier la manière dont cette expédition a été conduite, jusqu'au moment où, par suite de sa blessure, le maréchal Mac-Mahon, qui en avait le commandement, le remit au général Ducrot, l'un de ses lieutenants.

Les troupes de l'armée de Châlons, déjà peu sûres d'elles-mêmes à leur départ du camp, avaient éprouvé des retards dans leur marche par suite de l'incertitude dans le plan de campagne et de l'irrégularité dans les distributions ; les mauvais temps qui les assaillirent, les surprises de l'ennemi, la défaite du 5ᵉ corps, leur portèrent une atteinte morale qui les avait singulièrement affaiblies et ébranlées ; aussi, faut-il bien le constater, elles arrivèrent assez en désordre à Sedan.

Le général Ducrot, auquel le maréchal remit le commandement après sa blessure, se rendait compte de la situation, et, voyant le danger que courait l'armée française en se laissant enserrer dans Sedan, prescrivit aussitôt des dispositions de retraite sur Mézières, seule direction dont la route lui paraissait libre en cet instant. Mais à peine une heure s'était-elle passée, et ses ordres recevaient-ils un commencement d'exécution, que le général de Wimpfen, se prévalant d'une lettre qui lui avait été remise par le ministre de la guerre, réclama le commandement en chef, et, désapprouvant les mesures prises par le général Ducrot, sans avoir encore un plan bien arrêté, ainsi qu'il le dit lui-même, mais comptant sur les péripéties de la bataille pour tenter une combinaison moins désastreuse, prescrivit de reprendre les positions abandonnées par suite des premiers ordres.

Dès lors, le général de Wimpfen assuma toute la responsabilité du commandement.

Ce changement d'impulsion ébranla encore davantage la confiance de l'armée et y mit le désordre.

Le nouveau général en chef ne put ou ne sut se faire complétement obéir. Le premier corps ne conserva pas toutes ses positions, aussitôt occupées par l'ennemi, et le 7e fut, ainsi que lui, refoulé sur Sedan, où ils apportèrent l'un et l'autre une telle confusion qu'on dut fermer les barrières de la place.

Pendant que ces événements se passaient, le général de Wimpfen, voyant la vigoureuse résistance du 12e corps et que l'attaque des Bavarois sur Bazeilles se ralentissait, faiblissait même, avait conçu le projet de concentrer toutes ses forces sur sa droite et de percer la ligne ennemie en se portant sur Carignan et Montmédy.

Dans ce but, il avait prescrit au 1er corps de venir le rejoindre et au 7e de soutenir la retraite.

Ces corps, nous l'avons vu, par suite de leur retraite précipitée sur Sedan, étaient loin de pouvoir répondre à son attente; toutefois, le général de Wimpfen, à la tête d'une partie des troupes de la marine, de deux bataillons de zouaves et du 45e régiment, s'était jeté sur l'ennemi et se portait sur Balan pour faire coopérer au mouvement les troupes placées de ce côté, quand, arrivé sur l'emplacement où il les supposait, il ne trouva plus personne; le 12e corps était également rentré à Sedan.

Le général de Wimpfen, en allant à la porte de Balan, rencontra le général Lebrun qui, suivi d'un homme portant un drapeau parlementaire, allait demander l'armistice. Le général en chef fit abaisser ce drapeau, et, à la tête de 200 hommes qu'il put réunir, se rua sur l'ennemi, mais reconnaissant bientôt son impuissance, rentra lui-même à Sedan.

Lors du refoulement des différents corps sur la place, l'empereur, dans la pensée d'arrêter une inutile et plus longue effusion de sang, et sans consulter le général en chef ni les commandants des corps, ainsi qu'il l'ont unanimement déclaré au conseil, avait fait arborer le drapeau blanc sur la cidadelle.

Lorsqu'il se porta sur Balan, pour y faire un dernier effort, le général en chef avait été abordé par un officier d'ordonnance de l'empereur qui l'invitait à se rendre au quartier général ennemi pour y traiter de la capitulation; il avait refusé de se charger de cette mission; cependant, après sa dernière tentative, il céda aux instances de son souverain.

Le conseil peut facilement apprécier la funeste influence qu'exerça sur l'armée ce changement de trois

généraux en chef différents à quelques heures d'inter-
valle, et le défaut de suite dans les opérations militaires
qui en furent la conséquence ; il peut juger les combinai-
sons qui se produisirent successivement, les chances
de succès ou d'insuccès qu'elles présentaient ; il est de
son devoir de dire que le projet du général Ducrot était
le plus rationnel, car en admettant que la concentration
sur la gauche pût réussir, ce qui était difficile, il est
vrai, et qu'après un vigoureux effort on pût s'ouvrir la
route de Mézières, on pouvait, tout au moins, concevoir
l'espoir de sauver une bonne partie de l'armée, en se
jetant sur le territoire belge.

Il doit constater également qu'en réclamant le com-
mandement en chef de l'armée, par suite de la lettre du
ministre de la guerre, sans avoir de plan arrêté, ainsi
qu'il le dit lui-même, ou dans l'espoir, après avoir jeté
les Bavarois dans la Meuse, de venir battre l'aile droite
des Allemands, ou, enfin, de s'ouvrir un passage sur
Carignan ou Montmédy, le général de Wimpfen a fait
preuve de conceptions trop peu plausibles ou justifiées
pour ne pas avoir une grande partie de la responsabilité
des funestes événements qui amenèrent la capitulation,
mais il importe de bien définir la part de responsabilité
qui incombe à ce général dans l'acte même de cette
capitulation et les termes dans lesquels elle fut rédigée.

Or, il paraît bien prouvé au conseil que le souverain,
en faisant hisser le drapeau blanc sur la citadelle, sans
avoir pris l'avis du général en chef, le dégageait de
toute responsabilité sous ce rapport, et l'assumait tout
entière.

Le conseil doit donc louer le général de Wimpfen de
s'être constamment opposé à cette capitulation, mais il
doit dire aussi qu'ayant accepté de la négocier, il a eu

tort de ne pas faire maintenir le principe consenti par l'ennemi, lors de la première entrevue (et dont il avait donné connaissance au conseil tenu le matin même) de laisser tous les officiers en possession de leurs armes et bagages, article malheureusement modifié en faveur des seuls officiers qui, en se retirant dans leurs foyers, donneraient leur parole d'honneur de ne pas servir contre l'ennemi pendant la guerre.

Le conseil blâme vivement le général de Wimpfen d'avoir admis cette exception, contraire à l'article 256 du décret du 13 octobre 1863, lequel prescrit aux officiers de ne jamais séparer leur sort de celui de leurs soldats, exception qui tend à affaiblir, chez les officiers, le sentiment du devoir et de résistance à l'ennemi, et n'est qu'une prime à la faiblesse.

X

Capitulation de Neufbrisach et fort Mortier.

Extrait du procès-verbal de la séance du 11 janvier 1872.

Le conseil d'enquête,

Vu le dossier relatif à la capitulation de la place de Neufbrisach et du fort Mortier;

Vu le texte de la capitulation;

Sur le rapport qui lui en a été fait;

Ouï M. le lieutenant-colonel de Kerhor, ex-commandant de la place de Neufbrisach ;

Après en avoir délibéré,

Exprime comme suit son avis motivé sur ladite capitulation :

Sur une garnison de 5,000 hommes, il n'y avait dans la place de Neufbrisach que 1,000 hommes de troupes de ligne, le reste se composait de bataillons de la garde nationale mobile du Haut-Rhin et du Rhône et d'une compagnie de francs-tireurs.

L'instruction, l'équipement, l'armement de ces troupes étaient fort incomplets ; la discipline surtout était loin de répondre aux besoins de la défense, particulièrement dans le bataillon du Rhône qui, dès son arrivée, manifesta de si mauvais sentiments, que le commandant supérieur hésita à l'admettre dans la place et le fit bivaquer sur les glacis.

La place fut investie le 14 septembre ; le 8 octobre, après sommation de se rendre, elle fut bombardée et ce bombardement, sauf quelques intervalles de repos, fut si vif que les troupes de la garnison en furent fortement impressionnées. Bientôt des actes de lâcheté et d'insoumission se manifestèrent, les hommes ne voulurent plus monter la garde.

Le commandant supérieur institua des conseils de guerre et une cour martiale, devant lesquels les délinquants comparurent ; mais ces tribunaux dénotèrent une telle faiblesse en acquittant les prévenus que le commandant dut renoncer à ce moyen d'action. Alors il fit désarmer la garde nationale sédentaire et les francs-tireurs. Les choses en vinrent enfin à ce point que, sur le rapport des différents commandants de troupes, on put craindre une rébellion complète et la livraison de la place à l'ennemi par les mécontents.

Ce fut alors que le commandant supérieur prescrivit de noyer une grande partie des poudres, de détruire les pièces rayées, les fusils en magasin et plus d'un million de cartouches.

Ces vives préoccupations se firent jour encore dans une seconde séance du conseil de défense, et ce fut à la suite de ce conseil, quand tous les officiers qui le composaient opinèrent pour la capitulation, que le commandant supérieur arbora, bien malgré lui, le drapeau parlementaire. Mais, avant de le hisser, le lieutenant-colonel de Kerhor fit distribuer à la garnison les vivres et les effets d'habillement qui se trouvaient en magasin et sut même obtenir de la ville un prêt de 16,000 francs pour acquitter la solde.

Le commandant supérieur eut la fermeté de résister aux instances des officiers de la garde nationale mobile qui demandèrent à rentrer dans leurs foyers; il les fit considérer comme prisonniers et il partagèrent le sort de leurs soldats.

Le conseil donne des éloges à M. le lieutenant-colonel de Kerhor pour la fermeté qu'il a montrée dans les circonstances dont l'exposé précède.

Sans doute, la place de Neufbrisach a capitulé sans qu'il ait été fait brèche à ses remparts, sans avoir subi d'assaut, et en cela le commandant à manqué à l'article 254 du décret du 13 octobre 1863; mais le conseil croit qu'il doit lui être tenu compte des mauvais éléments de défense qu'il avait sous ses ordres, du danger imminent de voir livrer la place à l'ennemi, et d'avoir détruit la plus grande partie de l'armement et des munitions.

XI

CAPITULATION DE PHALSBOURG.

Extrait du procès-verbal de la séance du 12 avril 1872.

Le conseil d'enquête,

Vu le dossier relatif à la reddition de la place de Phals-
bourg,

Sur le rapport qui lui en a été fait,

Après en avoir délibéré,

Exprime comme suit son avis motivé sur ladite red-
dition :

La place de Phalsbourg avait une garnison de 1,252 hom-
mes, composée du 4e bataillon du 63e de ligne, du 1er ba-
taillon de la garde nationale mobile de la Meurthe et de
52 artilleurs. A cette garnison se joignirent 28 hommes
du 36e de ligne, et environ 200 traînards et malades pro-
venant des corps qui avaient combattu à Frœschwiller.

Les remparts étaient en bon état et armés de 65 bouches
à feu. La place était bien approvisionnée de munitions
d'artillerie et possédait 2 millions 778,000 cartouches
d'infanterie. Malheureusement les vivres n'étaient pas en
quantité suffisante pour lui permettre une résistance de
plus de quatre mois.

Investie le 10 août et sommée de se rendre, elle refusa.
Bombardée le même jour, elle tint bon. L'ennemi fit à la
garnison l'offre de sortir avec armes et bagages et de re-

joindre l'armée française. Le commandant Taillant, soutenu par un conseil de défense énergique, rejeta ces propositions. La place répondit victorieusement au feu de l'ennemi, la garnison fit des sorties heureuses; en vain les bombardements renouvelés détruisirent-ils le tiers de la ville, rien ne put ébranler le courage des défenseurs.

Mais les jours de résistance étaient comptés. Après quatre mois de défense, n'ayant plus de vivres pour la prolonger, le commandant Taillant, de l'avis du conseil, et ne s'inspirant que de l'intérêt du pays, détruisit son artillerie, ses munitions, ses fusils, tout enfin ce que l'ennemi pouvait utiliser dans la suite de la guerre ou présenter comme trophée; puis l'œuvre de destruction complétement terminé, le commandant fit ouvrir les portes de la place et prévint l'ennemi qu'il se rendait à discrétion.

Une telle conduite est on ne peut plus honorable. L'ennemi, pour le reconnaître et sans que rien lui eût été imposé par une capitulation, accorda aux officiers de conserver leur épée et leurs bagages, aux soldats leur sac, et les autorisa à choisir les villes où ils devaient se rendre comme prisonniers.

Le conseil,

Considérant que, dans la défense de la place, qui lui avait été confiée, le commandant Taillant a rempli tous les devoirs prescrits par le décret du 13 octobre 1863; que, par sa fermeté, son énergie, il a su maintenir la discipline dans la garnison; que, par une bonne et judicieuse organisation, il a suppléé à l'insuffisance du personnel d'artillerie,

Est d'avis que le commandant Taillant et son conseil de défense méritent des éloges.

Journal Officiel du 8 mai.

—

RAPPORT

AU PRÉSIDENT DE LA RÉPUBLIQUE FRANÇAISE.

Monsieur le président,

Le conseil d'enquête devant lequel l'officier qui exerçait les fonctions de commandant supérieur à Phalsbourg pendant la dernière guerre a été envoyé, en exécution des prescriptions de l'article 264 du décret du 13 octobre 1863, a, dans sa séance du 10 avril dernier, émis au sujet de la reddition de cette place l'avis ci-après :

Le conseil,

Considérant que, dans la défense de la place qui lui avait été confiée, le commandant Taillant a rempli tous les devoirs prescrits par le décret du 13 octobre 1863 ;

Que, par sa fermeté, son énergie, il a su maintenir la discipline dans la garnison ;

Que, par une bonne et judicieuse organisation, il a suppléé à l'insuffisance du personnel d'artillerie,

Est d'avis que le commandant Taillant et son conseil de défense méritent des éloges.

D'après ce qui précède et conformément aux dispositions de l'article 257 du décret précité du 13 octobre 1863, j'ai l'honneur de vous proposer :

1° De conférer à M. le lieutenant-colonel Taillant le

grade de commandeur dans l'ordre de la Légion d'Honneur ;

2° Et de décider que l'avis précité du conseil d'enquête sera mentionné dans les états de service de M. le lieutenant-colonel Taillant et des officiers qui composaient avec lui le conseil de défense de la place de Phalsboug, savoir :

MM.

Darbour, chef de bataillon au 63e régiment d'infanterie de ligne ;

Villatte, chef de bataillon, commandant le 1er bataillon de la garde nationale mobile de la Meurthe ;

Desmares, capitaine de 1re classe du génie, commandant le génie de la place ;

Thomas, capitaine en 1er d'artillerie, commandant l'artillerie de la place ;

Dejean, capitaine en 1er d'artillerie ;

De Geoffroy, capitaine adjudant-major au 63e régiment d'infanterie de ligne.

Veuillez agréer, monsieur le Président, l'hommage de mon respectueux dévouement.

Le ministre de la guerre,
E. DE CISSEY.

Approuvé,
A. THIERS.

XII

CAPITULATION DE MONTMÉDY.

Extrait du procès-verbal de la séance du
18 avril 1872.

Le conseil d'enquête,

Vu le dossier relatif à la capitulation de la place de Montmédy,

Vu le texte de la capitulation,

Sur le rapport qui en a été fait,

Ouï M. le chef de bataillon Tessier, commandant de la place de Montmédy,

Après en avoir délibéré,

Exprime comme suit son avis motivé sur ladite capitulation :

La place de Montmédy était armée de 65 pièces en batterie, dont 8 rayées ; ses approvisionnements et munitions consistaient de 33,330 projectiles, 45,000 kilogrammes de poudre à canon, 6,300 kilogrammes de poudre à fusil, 803,000 cartouches de différents modèles. Elle était abondamment pourvue en vivres.

La garnison, forte de 2,042 hommes, était composée de gardes nationales mobiles de départements limitrophes, elle s'augmenta d'environ 700 hommes provenant de l'armée de Châlons et qui, faits prisonniers à Sedan, avaient réussi à s'échapper.

L'ennemi se présenta devant la place les 2 et 3 septembre, la somma de se rendre et, sur le refus du commandant, la bombarda le 5. La place riposta avec avantage, et, par les pertes qu'éprouva l'ennemi, le força à s'éloigner.

Le capitaine Reboul, qui commandait la place, en organisa très-bien la défense, fit faire des sorties fréquentes très-hardies et qui eurent un plein succès. Cependant M. Testelin, commissaire de la défense nationale à Lille, le révoqua sur la dénonciation de trois officiers qui avaient abandonné la ville, et le remplaça par un capitaine incapable, que, plus tard, il destitua à son tour pour rendre le commandement à M. Reboul. Le 18 octobre, le gouvernement de Tours nomma M. Tessier, chef de bataillon du génie, commandant supérieur de Montmédy. Le 16 novembre, l'ennemi investit la place. Le 11 décembre, il somma le commandant de se rendre, et, sur son refus, recommença le bombardement le 12 ; la place capitula le 14.

Les dégâts causés dans la ville et aux bâtiments militaires par le feu de l'ennemi, l'impossibilité où se trouvait la place d'y répondre avec les deux seules pièces de 24 qui étaient en batterie et avaient une portée insuffisante, la crainte de voir sauter les magasins à poudre, déterminèrent le commandant Tessier à rendre la place sans qu'aucune demande ait été faite dans ce but par le conseil municipal ni les habitants de Montmédy.

Le conseil d'enquête est d'avis que le commandant Tessier a prolongé la résistance autant que ses moyens le lui permettaient, mais qu'il a eu tort de ne pas détruire, avant la signature de la capitulation, son artillerie, les armes, les munitions de toute nature renfermées dans la place.

XIII

Capitulation d'Amiens.

Extrait du procès-verbal de la séance du 18 avril 1872.

Le conseil d'enquête,

Vu le dossier relatif à la capitulation de la citadelle d'Amiens ;

Vu le texte de la capitulation,

Sur le rapport qui lui en a été fait,

Ouï M. le commandant Woirhaye, ex-commandant de la citadelle ;

Après en avoir délibéré,

Exprime comme suit son avis motivé sur ladite capitulation :

Par suite de la retraite de l'armée du Nord, l'ennemi occupa la ville d'Amiens le 28 novembre, et le même jour investit la citadelle. Trois cents hommes de garde nationale mobile, avec une batterie d'artillerie entièrement composée d'habitants de la ville, avaient été laissés comme garnison.

Dès le premier jour, cinquante hommes de la garnison désertèrent.

Le commandant de place, capitaine Vogel, sur la demande que lui fit la municipalité de ménager la ville, s'engagea à ne point tirer sur l'ennemi si celui-ci ne l'attaquait pas.

Une telle détermination mérite le blâme le plus sévère, car l'ennemi en profita pour élever des batteries et placer des tirailleurs sur tous les points qui avaient vue sur la citadelle, et quand, le 29, il ouvrit le feu, ces tirailleurs entravèrent beaucoup la défense.

Dès les premiers instants, le capitaine Vogel fut blessé à mort et remplacé dans le commandement de la citadelle par M. Woirhaye, le plus ancien commandant de la garde nationale mobile.

Cet officier, agissant avec la même faiblesse que son prédécesseur, empêcha de tirer sur la ville dans la crainte de faire des victimes et de nuire à la population. Ce même sentiment étant d'ailleurs général dans la garnison, le conseil de défense se résolut à capituler le lendemain, 30 novembre.

Le conseil est d'avis que le commandant Woirhaye, ayant été investi du commandement dans des circonstances très-difficiles et qu'il ne dépendait plus de lui de modifier, ne saurait être responsable de la perte de la citadelle d'Amiens.

Le conseil pense que cette responsabilité doit remonter en grande partie au général qui, conformément à l'article 244 du décret du 13 octobre 1863, avait dû veiller à ce qu'il restât dans la citadelle une garnison suffisante pour en assurer la garde. Si l'on peut demander à des hommes de grands sacrifices pour défendre la ville qu'ils habitent, on ne peut exiger d'eux la ruine de leur famille et de leurs propres foyers.

XIV

Capitulation de la Fère.

Extrait du procès-verbal de la séance du 18 avril 1872.

Le conseil d'enquête,

Vu le dossier relatif à la capitulation de la place de La Fère ;

Vu le texte de la capitulation ;

Sur le rapport qui lui en a été fait,

Ouï MM. le capitaine de Saint-Guilhem, ex-commandant du génie à La Fère;

Planche, capitaine de frégate, ex-commandant supérieur de La Fère;

Baron Méneval, colonel d'artillerie, ex-directeur de l'artillerie de La Fère;

Commandant Delmas de Lacoste, ex-commandant de la place de La Fère;

Rigaux, ex-commandant de l'artillerie de la place de La Fère ;

Après en avoir délibéré,

Exprime comme suit son avis motivé sur ladite capitulation :

L'armement normal de La Fère devait être de 54 bouches à feu ; il y en avait 80 au 10 août, dont 70 en batterie.

Les munitions de guerre étaient en quantité suffisante,

les approvisionnements en vivres calculés pour quatre mois.

La garnison, entièrement composée de garde nationale mobile, à l'exception de 40 ouvriers d'artillerie, s'élevait, à la date du 7 octobre, à 2,711 hommes, augmentée, le 6 novembre, de 100 hommes, formant une compagnie de francs-tireurs de la Somme.

La place fut déclarée en état de siège le 12 août. Jusqu'au 9 novembre la mise en état de défense fut organisée par les soins du commandant Delmas de Lacoste, commandant de place. A cette date, le capitaine de frégate Planche fut nommé commandant supérieur par le général Bourbaki.

L'ennemi s'était montré aux environs de La Fère le 10 septembre, mais il ne s'y arrêta pas et ne revint que le 12 novembre. Le 13, il somma la place de se rendre et, sur le refus du conseil de défense, il l'investit le 15 novembre.

La garnison opéra quelques sorties pour augmenter les vivres; le 23 novembre, 70 têtes de betail furent ramenées dans la ville.

Le 25 novembre, l'ennemi ouvrit contre la place le feu de 33 pièces de canon et le continua pendant trente-six heures. La ville fut fort endommagée, et les remparts furent un peu écrêtés.

Sur la demande qui lui en fut adressée par le conseil municipal, le commandant supérieur, jugeant que les artilleurs de la garde nationale mobile chargés du service des pièces ne pouvaient plus tenir sur les remparts, et que dans ces conditions la résistance ne pouvait être prolongée, se décida, le 26 novembre, d'après l'avis unanime de son conseil de défense, à conclure une capitulation avec l'ennemi.

Le commandant Planche mérite d'être loué pour avoir prescrit, avant la signature de la capitulation, de détruire les armes, d'enclouer les canons, de noyer les poudres, de mettre les affûts hors de service, et d'avoir ordonné la distribution aux habitants des vivres qui restaient dans la place. Mais il a eu tort d'admettre, contrairement à l'article 256 du décret du 13 octobre 1863, la clause relative à la faculté laissée aux officiers qui prendraient l'engagement d'honneur de ne pas servir contre l'Allemagne pendant la guerre, de se retirer dans leurs foyers, séparant ainsi leur sort de celui de leurs soldats.

XV

Capitulation de Thionville.

Extrait du procès-verbal de la séance du 13 avril 1872.

Le conseil d'enquête,

Vu le dossier relatif à la capitulation de la place de Thionville ;

Vu le texte de la capitulation ;

Sur le rapport qui lui en a été fait ;

Ouï M. le colonel Turnier, ex-commandant de la place de Thionville ;

Après en avoir délibéré,

Exprime comme suit son avis motivé sur ladite capitulation :

Bien qu'on ne puisse fixer exactement la force de la garnison de Thionville, les situations d'effectif n'ayant pas été fournies, elle peut être évaluée à 4,000 hommes environ, y compris 400 hommes de garde nationale sédentaire. Ce chiffre était notablement inférieur à l'effectif normal de la garnison en prévision d'un siége.

Les fortifications de la place étaient en bon état.

L'armement consistait en 200 pièces de batterie, dont 77 rayées.

Les approvisionnements en munitions comprenaient 147,730 projectiles, 185,000 kilogr. de poudre à canon, 20,000 kilogr. de poudre à fusil, 3,013,700 cartouches. Il y avait 22,000 fusils de différents modèles. Les magasins renfermaient des vivres pour plus d'une année.

La place fut investie le 6 septembre et sommée de se rendre ; le commandant refusa, plusieurs autres sommations restèrent sans effet.

La garnison fit plusieurs sorties heureuses, dans lesquelles elle prouva sa solidité et s'empara de convois prussiens.

Le 22 novembre, l'ennemi bombarda la ville ; un grand nombre de maisons furent incendiées, les établissements militaires détruits, mais les remparts restaient intacts ; le colonel Turnier, prenant conseil de ses sentiments d'humanité plutôt que de ses devoirs militaires, capitula le 24, après 54 heures de bombardement.

Considérant que le colonel Turnier, commandant supérieur de la place de Thionville, a rendu à l'ennemi la place dont le commandement lui était confié sans avoir rempli les conditions exigées pour une capitulation par le décret du 13 octobre 1863; que, de son propre aveu, il pouvait encore tenir quelques jours;

Considérant qu'il a livré à l'ennemi un matériel de guerre intact, une quantité considérable de munitions et d'approvisionnements sans avoir rien tenté pour les détruire;

Qu'il a accepté dans la capitulation la clause en vertu de laquelle les officiers, séparant leur sort de celui de la troupe, étaient autorisés à rentrer dans leurs foyers en prenant l'engagement d'honneur de ne pas servir contre l'Allemagne pendant la guerre,

Est d'avis que le colonel Turnier mérite le blâme.

<hr>

XVI

Capitulation de Paris.

Extrait du procès-verbal de la séance du 29 avril 1872.

Le conseil d'enquête,

Considérant qu'à la suite du combat de Buzenval, livré le 19 janvier 1871, M. le général Trochu fut remplacé le 21 janvier, dans le commandement en chef de l'armée de Paris, par M. le général Vinoy;

Considérant que le Gouvernement de la défense nationale a investi, à la date du 25 janvier 1871, M. Jules

Favre, l'un de ses membres, de pleins pouvoirs, à l'effet d'arrêter les conventions relatives à la ville et à l'armée de Paris, ainsi qu'à la garde nationale, et de conclure un armistice général ayant pour objet des élections en France, en vue de la convocation d'une Assemblée nationale ;

Considérant que la convention conclue à la date du 28 janvier 1871, et stipulant d'une part la remise à l'ennemi des forts extérieurs de Paris et de leur matériel de guerre, le désarmement de l'enceinte, et d'autre part que les garnisons (armée de ligne, garde nationale, mobile et marins) des forts et de Paris, seront prisonnières de guerre, sauf une division de 12,000 hommes, réservée pour le service intérieur de la place, n'est revêtue d'aucune autre signature de plénipotentiaires français que celle de M. Jules Favre, délégué du Gouvernement de la défense nationale ;

Que l'annexe à la susdite convention, en date du 29 janvier 1871, destinée à régler l'exécution de la convention du 28 janvier, aussi bien que la convention additionnelle du 15 février 1871 ne sont également revêtues d'aucune autre signature que celle de M. Jules Favre ;

Considérant qu'il appert de ces divers documents communiqués au conseil, que les généraux Trochu et Vinoy sont restés absolument étrangers, sous le rapport militaire, à la capitulation de Paris, puisqu'à la date du 28 janvier, si le général Trochu était encore président de la Défense nationale, il ne remplissait plus les fonctions de gouverneur de Paris ; que, d'autre part, le général Vinoy, commandant en chef de l'armée de Paris, n'a été ni appelé, ni consulté, et n'a pas eu à apposer sa signature sur un acte qui s'est fait en dehors de son autorité et de sa responsabilité ;

Considérant que la capitulation de Paris a eu lieu par

suite d'un traité conclu par le Gouvernement de la Défense nationale, et que si chacun peut émettre une opinion sur ce gouveruement de fait, il ne saurait appartenir au conseil de le louer ou de le blâmer pour ses actes ;

Par tous ces motifs, le conseil se déclare incompétent pour exprimer un avis sur ladite capitulation.

XVII

Capitulation de Guise.

Extrait du procès-verbal de la séance du 29 avril 1872.

Le conseil d'enquête,

Vu les pièces qui lui ont été communiquées au sujet de l'occupation de la place de Guise par l'armée allemande ;

Considérant que ladite place a été évacuée en exécution d'un ordre du ministre de la guerre, en date du 10 septembre 1870 ; que son matériel d'artillerie et ses munitions ont été transportés à Péronne ; que sa garnison a été dirigée sur cette même ville ; que, par suite, l'ennemi a occupé la place le 4 janvier 1871, sans rencontrer de résistance,

Dit qu'il n'y a pas lieu à exprimer un avis sur la perte de la place de Guise.

XVIII

CAPITULATION DE MÉZIÈRES.

Extrait du procès-verbal de la séance du 6 mai 1872.

Le conseil d'enquête,

Vu le dossier relatif à la capitulation de la place de Mézières ;

Vu le texte de la capitulation ;

Sur le rapport qui lui en a été fait ;

Ouï MM. :

Le lieutenant-colonel de la Lobbe, ex-commandant de la place de Mézières ;

Le capitaine Lemaire, ex-commandant du génie ;

Le commandant Cominal, ex-commandant de l'artillerie ;

Mallarmé, sous-inspecteur des forges à Mézières, lieutenant-colonel d'artillerie ;

Général Blondeau, ex-commandant supérieur de Mézières ;

Après en avoir délibéré ;

Exprime comme suit son avis motivé sur ladite capitulation.

Au moment où l'ennemi se présenta devant la place de Mézières, les fortifications étaient en parfait état de défense.

L'artillerie comptait 132 pièces, dont 36 pièces rayées et 3 seulement de 24 rayées de place, approvisionnées de 97,000 projectiles, 4,000 fusées percutantes et 60,000 kilogrammes de poudre à canon.

Il y avait en outre dans la place 18,600 kilogrammes de poudre à fusil et 2,178,000 cartouches. La place était pourvue d'une énorme quantité de vivres de toute espèce.

La garnison, forte de 3,060 hommes, s'éleva au chiffre de 5,520 hommes, par suite de l'arrivée d'un certain nombre d'isolés échappés de Sedan, d'une compagnie d'infanterie et d'une batterie du corps du général Vinoy. A la vérité, les éléments de cette garnison n'étaient pas très-bons, car on y comptait 1,200 recrues étrangères au service des armes, et plus de 1,700 gardes nationaux ou francs-tireurs.

D'autre part, son effectif diminua successivement par suite du départ de détachements envoyés à l'armée du Nord, et fut réduit à ce point, qu'au moment de l'investissement, les hommes étaient pendant vingt-huit heures de service sur quarante-huit.

L'ennemi se présenta devant la place dès le 1er septembre et lui fit plusieurs sommations de se rendre, auxquelles le commandant répondit par un refus. Mais ce ne fut que le 25 décembre que l'investissement eut lieu. Le feu de l'ennemi commença le 31 et dura vingt-huit heures ; la place capitula le 1er janvier.

La ville fut en grande partie réduite en cendres. La garde nationale de Charleville ne fit preuve ni de dévouement, ni de fermeté.

Les instances des autorités civiles et des habitants, et des considérations d'humanité déterminèrent le commandant supérieur à proposer au conseil de défense de capituler.

Cette proposition fut votée par le conseil à l'unanimité moins une voix.

Les poudres et les munitions ne purent être détruites, en raison de l'incendie de la ville et du manque d'eau, par suite de la gelée.

Le conseil est d'avis que le commandant supérieur, général Blondeau, mérite le blâme pour avoir capitulé sans que les prescriptions de l'article 255 du décret du 13 octobre 1863 aient été remplies, pour n'avoir détruit qu'une partie de son matériel et de son armement, et avoir abandonné à l'ennemi une énorme quantité d'approvisionnements de vivres de toute espèce.

XIX

Capitulation de la Petite-Pierre.

Extrait du procès-verbal de la séance du 6 mai 1872.

Le conseil d'enquête,

Vu le dossier des pièces relatives à la perte de la place de la Petite-Pierre,

Prend la délibération ci-après :

Les remparts de la Petite-Pierre étaient en très bon état et armés de :

Canons de 12 rayés, de place.	2
Canons de 12 rayés, de siége.	2
Obusiers de 0,16.	3
Mortiers de 0,22.	1
Totaux.	8

Aucun renseignement n'est fourni sur la quantité de munitions de guerre dont la place était pourvue. On sait seulement, d'après une lettre du sergent-major Bœltz, qu'on fit placer 200 projectiles près des pièces en batterie.

Les vivres étaient en quantité plus que suffisante, car on distribua deux cents caisses de biscuits aux troupes du

5ᵉ corps de l'armée du Rhin, qui, dans leur retraite, vinrent camper sous la place.

La garnison se composait d'un détachement du
96ᵉ.   27 hommes.
Maréchal des logis d'artillerie.   1   —
Artilleurs.   5   —
                                                    —
                                                    33 hommes.

Elle était commandée par M. Mouton, capitaine au 9ᵉ, qui avait fait mettre les pièces en batterie.

Le 7 août, le 5ᵉ corps arriva à la Petite-Pierre et en repartit le lendemain.

Les seuls documents à consulter sont :

1° L'historique du 96ᵉ de ligne;

2° Une lettre du sergent-major Bœltz au ministre de la guerre pour lui demander à passer devant le conseil d'enquête.

D'après ces écrits, le capitaine Mouton demanda un renfort au général de Failly. Il lui fut refusé, et il ne reçut que le conseil d'enclouer.

Le 3 août, le 3ᵉ corps continua son mouvement de retraite, et le capitaine Mouton fut transporté à l'hopital de Phalsbourg. Dès ce même jour, le serjent-major Bœltz resta chargé du commandement du fort.

Le 9 août, l'ennemi se présenta devant la place et en demanda la reddition : Le sergent-major refusa ; il fit enterrer ses cartouches, noyer les poudres, puis, à la tête de sa petite garnison, évacua la place, parvint à se soustraire à la poursuite de l'ennemi et gagna Phalsbourg.

Il résulte de ces faits que la place de la Petite-Pierre est tombée au pouvoir de l'ennemi non par suite d'une capitulation, mais après avoir été abandonné par sa garnison, fait prévu par l'article 213 du code de justice militaire.

Il résulte d'autre part qu'en raison de son grade et aux termes de l'article 264 du décret du 13 octobre 1863, le sergent-major Bœltz ne saurait être admis à justifier de sa conduite devant un conseil d'enquête.

En conséquence, le conseil d'enquête, tout en constatant que le sergent-major Bœltz, investi accidentellement du commandement du détachement appelé à former la garnison de la Petite-Pierre, et par suite, du commandement même de la place, et dépourvu de tout moyen sérieux de résistance, a fait preuve de décision et d'intelligence en faisant détruire les munitions de la place avant de l'évacuer, et en assurant le salut de la petite troupe qu'il commandait, estime qu'il ne lui appartient pas d'exprimer un avis sur la perte de la place de la Petite-Pierre.

PARIS. — TYP. WALDER, RUE BONAPARTE, 44.

DERNIÈRES PUBLICATIONS

LIVRES D'AMATEURS

PARNASSICULET CONTEMP...

Deuxième Édition

Augmentée de NEUF pièces inédites, non moins surprenantes... premières, attribuées aux mêmes auteurs et découvertes après...

1 volume grand in-18 jésus, imprimé avec luxe par JOUAUST... pagné d'une étonnante eau-forte tirée sur papier de Chine.

Tirage à 500 exemplaires sur papier vergé de Hollande....
— 20 exemplaires sur papiers de diverses couleurs...
— 10 exemplaires sur papier Watmann...
— 10 exemplaires sur papier de Chine...

Les exemplaires sur papier de couleur, sur Watmann et sur Chine... accompagnés de trois épreuves sur Chine de l'eau-forte tirées en noir, rouge et en bistre.

HEURES PARISIENNES

Par Alfred Delvau

Les CENT derniers exemplaires

Augmentés d'un appendice contenant le résumé historique des persé... cutions et des tracasseries dont ce livre fut l'objet, expliquant comment... furent exigés la suppression de l'Amour et l'intercalation de sept cartons... dans le texte; — Avec trois énergiques lettres autographes de Delvau... l'appui, et les textes primitifs incriminés juxtaposés en regard des textes... substitués; — le tout orné d'un beau portrait d'Alfred Delvau, gravé... l'eau-forte par H. Valentin, tiré sur papier de Chine.

Les cent derniers exemplaires de cet ouvrage curieux, qui ne... jamais réimprimé, seront vendus avec l'appendice au prix de.

L'appendice seul, destiné à compléter les exemplaires déjà ven... tirés sur blanc...

Il en a été tiré cent exemplaires sur papier vergé, pour com... pléter les exemplaires vergés, au prix de.

Paris. — Imp. Walder, rue Bonaparte, 44.

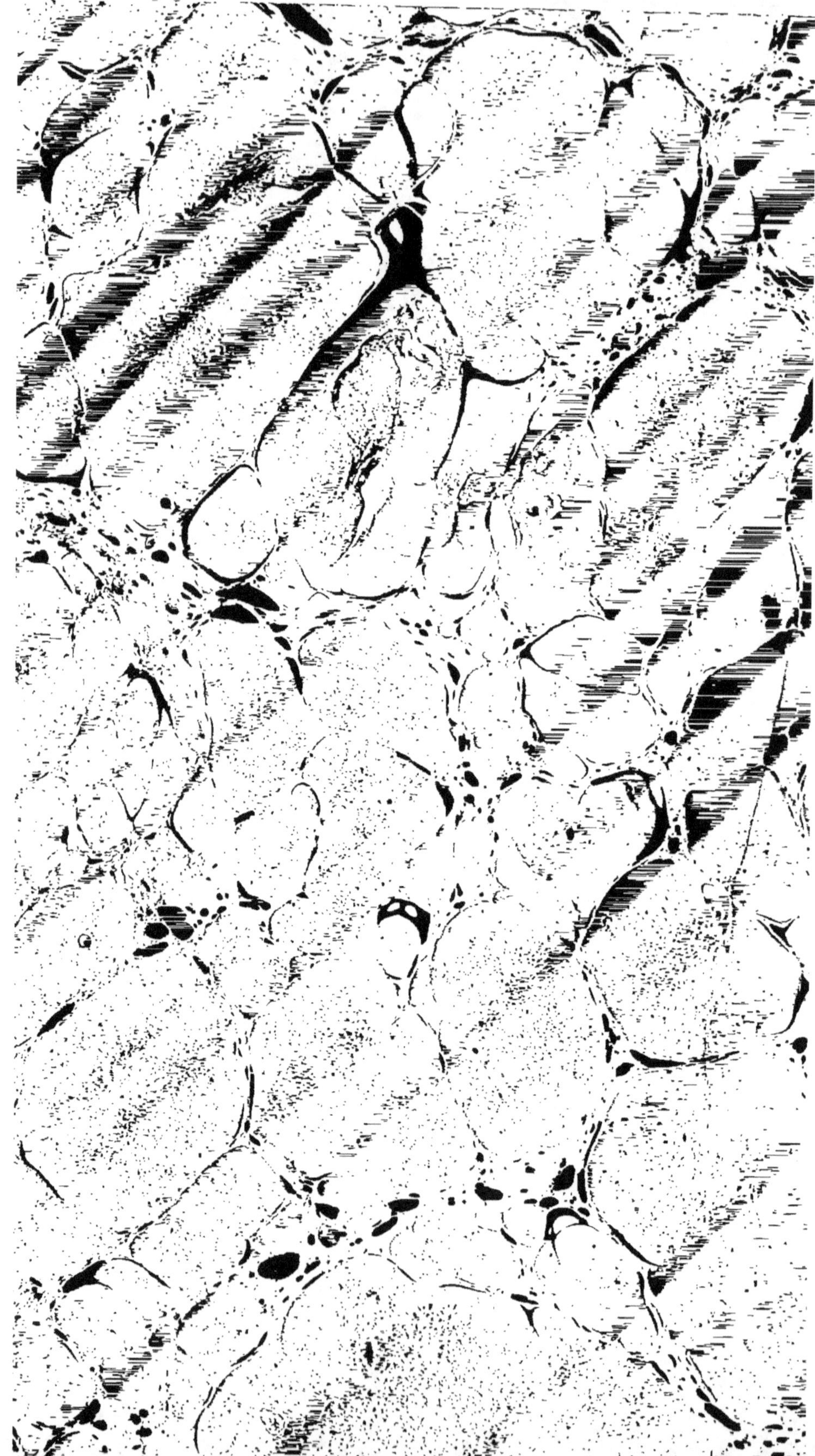

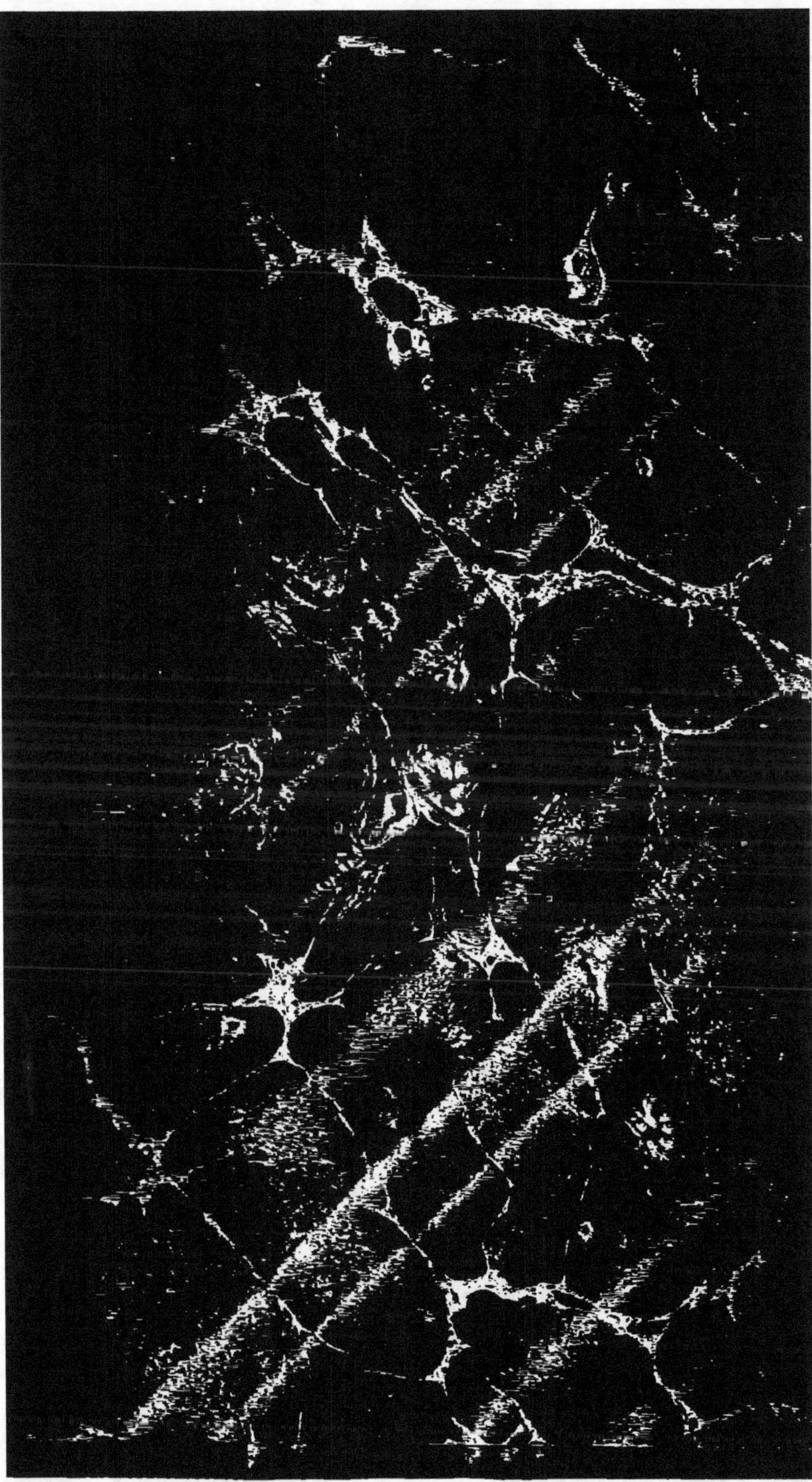

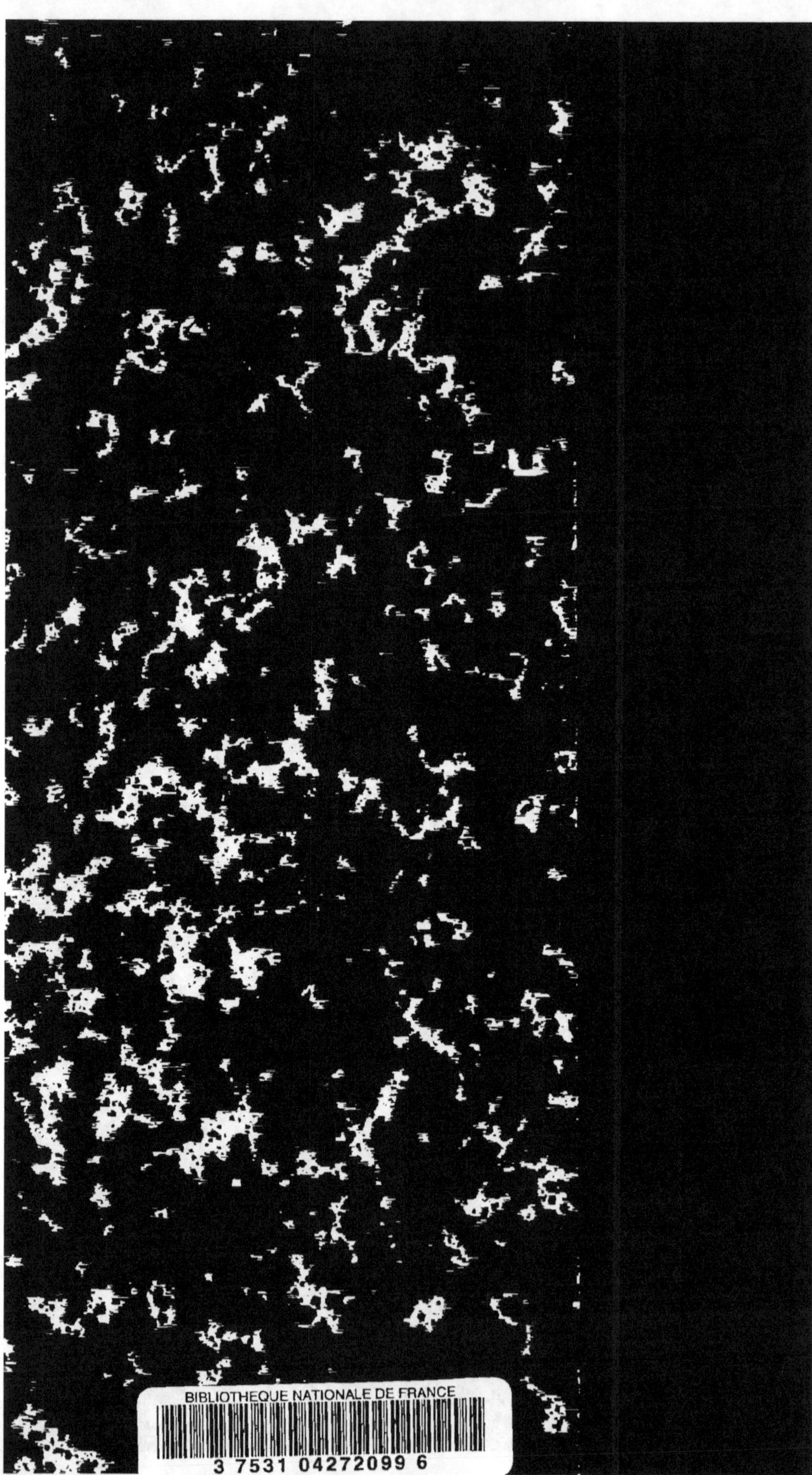